JN409442

국보현대시선 ⑯

도서출판 국보

초판 인쇄　2011년 07월 25일
초판 발행　2011년 07월 30일

지은이　이재호

펴낸이　임수홍
편집디자인　맹신형
발행처 : 도서출판 국보
주소 : 서울시 강동구 길동 395-3 2층
전화 : (02) 476-2757~8, 7260
FAX : (02) 476-2759
카페 : http://cafe.daum.net/lsh19577
E-mail : kbmh11@hanmail.net

값 8,000원

ISBN 978-89-93533-20-0 03800

거울

‖ 시집을 내면서 ‖

그냥 좋아서 틈틈이 써 놓은 시가 한 권의 시집으로 묶여 나왔습니다. 꿈에도 생각하지 못했던 일을 저지르고 말았습니다. 제정신이 아니라는 소리 들을 각오를 하고 국보문학에 시 몇 편을 응모했더니 운이 좋아 신인상을 타게 되었는데, 이렇게 된 거 아예 그 동안 써 놓은 시를 모아 시집을 내라는 부모님의 말씀을 듣고 망설이다가 이렇게 책으로 묶었습니다.

되돌아갈 수 없는 문을 들어섰다는 두려움이 앞섭니다. 이 시들보다 더 좋은 시를 써야만 살아남을 수 있을 것입니다.

또 평생 글을 쓰기로 마음먹은 이상 중간에 글을 쓰지 않는다면 배은망덕은 물론 내 자신이 나를 용서하지 않을 것 같습니다.

책이 나올 때까지 여러 모로 힘써주신 부모님, 선생님께 다시 한 번 감사의 말씀을 드립니다.

태능에서 이재호

1장 머리를 자르며

2장 한 여름의 난로

3장 어린아이 마음으로

4장 떠돌이 여행자

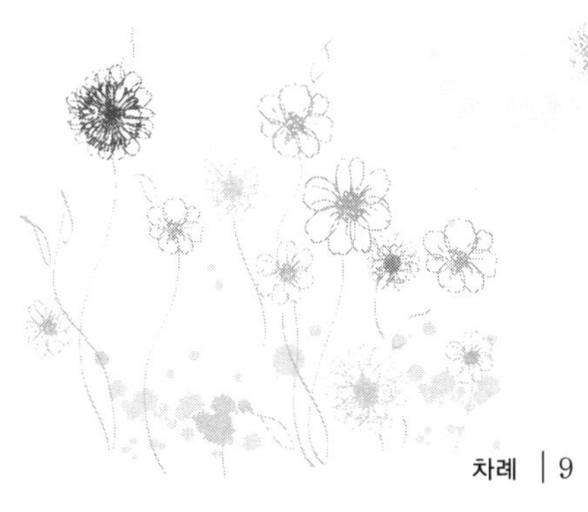

5장 악연을 끊고자

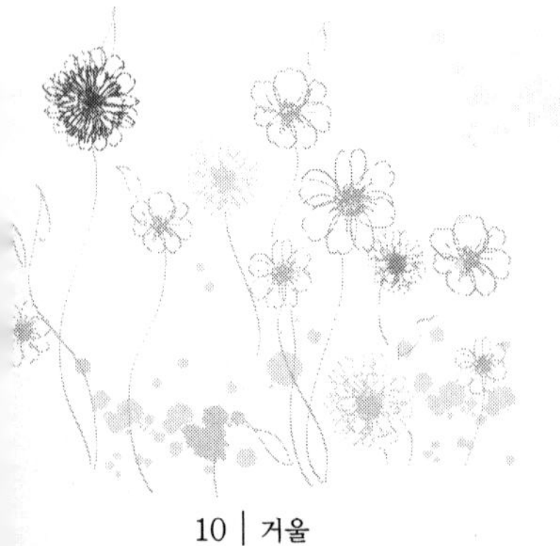

6장 빨간 동그라미

제1장
머리를 자르며

그림자1

누가 따라온다
강도일까, 경찰일까?
돈도 없고 잘못도 없는데

후유
돌아섰더니
그제야 사라졌네

가로등 불빛에 이르러
문득
녀석이 나타났네

안녕
난 네 행동을 다 봤어
그러고는 한마디

쓸만해

(월간국보문학 시 부문 신인상 수상작)

그림자2

나는 혼자가 아니죠
태어날 때 붙어온
너
우리는 다리가 붙은
샴쌍둥이

다만, 난 황색인인데
넌 흑인

유전자가 수상한
우리는 어쨌든 샴쌍둥이

그림자3

무식해
말조차 없고
때 탄 옷만 입는
너

잃어버린 옷
찾아주려
오늘도 하루 종일
끌고 다녔네
나의 분신

거 울

이쁘게 아름답게 자신의 모습
거울에 비춰지길 바라는 우리
겉모습!
겉모습일 뿐인데
껍데기인데

거울은 껍데기만 치장하여 보여 준다
내면은 숨겨 논 채
더럽고 추악한 우리의 내면,
그걸 보여주면 다신
다시는 자기 앞에 서지 않기에 숨겨놓는다

꼬옥꼭 숨긴다
끝까지 숨긴다
깨져도 숨긴다

거울의 음흉스러움을 모른 채
오늘도 치장한 모습으로 거울 앞에 선다

그 모습이 재밌는 거울은
치장한 껍데기를 보여준다
이쁘게만 보여준다

다시 오게 하려고
그래야 존재하니까

(한국문학신문 제5회 청소년 백일장 시 부문 대상 수상작)

삼식이

5만원에 동대문 표 떼고
따라온 너
너무 작아 주머니에
쏘옥

걸핏하면 병에 걸려
저승 문 두들겼기에
이만큼 큰 것도 기적이다

밥 달라 까까 달라
멍멍멍 하루 종일
선반 위 밥통 까까통만 보던 너

쥐한테 먹힐 작던 녀석이
들기도 힘들게 컸다
먹은 만큼 많이 싸니 건강하지?
나랑, 한 40년만 집 지키자.

막 차

숨을 참고 달렸지만
끝내 놓쳐 버렸네요
'조금 빨리!'
후회와 함께
뒤돌아섰더니
막차가 오네요

꼭 늦은 건 아닌가 봐요

차도 탔으니
기다리면 되겠네요.

삶이란 다
그렇다는 거
스무 살 지금
깨달았어요.

(월간국보문학 시 부문 신인상 수상작)

나와 바다

저 바다의 깊이도 모르면서, 날
날 재려고 하는
너

날 닮은 저 바다를
먼저 재고 오렴

내가 바다처럼 넓고 깊은 줄
이제 알았니?

난 널 깊이 빠뜨릴 수 있지만
난 널 자유롭게 놔준다.

널 좋아하기에
널 사랑하기에

밤 길

밤길을 걷는다
목표도 없이
방황의 길

뒤돌아보면
어둠 속 희미한 길
넘어지지 않고
이만큼 온 것만도
기적이다
참 기적이다.

나는 빛이 필요하다
누군가가
희미한 빛이나마
갈 길을 비춰준다면
나는 그의
종이 되리라

종이 되어
그를 위해 노래를 하리라
종이 되어
그를 위해 술을 대접하리라
내 은인이므로

머리를 자르며

잘려 떨어지는 머리카락과 함께
내 마음의 암 덩어리도 잘라 버리련다
단정히 가벼워진 내 머리처럼
내 맘도 가벼워지길 바라면서

사회의 낙오자가 되지 않으려
쉼 없이 달려갈 수 있도록
가벼운 마음으로 쉼 없이
달려가고픈 내게

마음의 암
너는 나를 파멸로 이끌테니
내 머리와 함께 잘려나가
이대로 남남이 되자
마음의 암 덩어리야!

비 누

월남 선생님은 비누를 삼키시며
마음의 때를 먼저 벗기라하셨지요

그대의 비누는 천연 비누라서
먹을 수도 있었지만
지금의 비누는 화학약품으로 만들며
향내까지 짙어 더러워진 마음에
악취까지 나게 합니다

돈이면 다 되는 세상
때 묻은 마음과 그 악취를
멋이라 부르며 전염되어갑니다

당신이 떠났음에 손가락질 하나 날릴
사람 이제는 없기에 마음속으로 비누를 삼키며
안타까움을 달래봅니다

봄 비

벌거벗은 들판은
덜덜 떨고

나물 먹던 하늘은
엉엉 울고

울다가 뱉은 나물로
들판이 파랗더니
얼굴이 부끄러움에 붉어지네

네모 상자 속 여행

눈앞에 도는 세상
여행을 떠났네

사막 낚시를 하네
꽁치가 부러운 낙타
입이 나오네

바다 채찍질 하네
낙타가 부러운 꽁치
입이 나오네

황홀함과 피로
무거운 털에 감긴 눈꺼풀
찰나의 끔뻑임에
입은 나오고
꽉 찬 한숨 속 네모상자
스무 시간 여행만 떠올리네.

*방안에 누워 잠을 자다 꿈꾸고 일어났을 때

제2장
한 여름의 난로

지는 꽃

허락 없이 말도 없이
처마 끝에 둥지를 튼 제비들

따지고파 올라가 보니
모여 징징대는 새끼들

허락 없이 말도 없이
나에게 따지는 구나

나도 너희들도
참
버릇이 없구나

허락도 말도 필요 없거늘
같이 노래 부르며 살자꾸나

문

닫힌 문은
시간이 열어야
비로소 열린답니다

삶의 비늘이 시간의 비늘들이
한 겹 한 겹 쌓였는데
그 비늘이 떨어지는 날
떨어지는 날
비로소 닫힌 문
내 문은 열린답니다

닫힌 문은
여는 게 아니라
시간의 비늘이 떨어져
열려야만 열린답니다.

징징 소리

겨울부터
파리가 징징댄다
피하려고 하면
더욱 징징댄다

공부!
공부!
공부!

똑같은 징징거림
이제는 들리지도 않는다
아우성치는 침묵으로
징징거림이 의미를 잃는다.

산

하느님 부처님이 시키셨나 봐요
아니면 꼭대기에 보물이 있나 봐요
악쓰며 오르는 걸 보면

궁금해 참지 못한 저도 오르네요
소나무 잣나무 개나리 진달래
도토리 줍는 다람쥐

저 풍경이 저 냄새가 저 모습이
아름다워 입이 열리네요
내 모습이 웃긴지 한심한지
다들 비웃고 지나네요

저 아름다움조차 안보며
땀방울조차 닦지 않고 오르네요

산의 아름다움을 보느라
이제야 도착했네요
막상 와보니 아무것도 없어

풀이 죽은 등산객
허탈해 내려가네요

하느님 부처님 보물이 없어
실망했나 봐요 다시 내려가네요

난 안내려갑니다
내려가면 당신들의 발밑에서지만
여기 있는 한 당신들은 내 밑에 서니까요

진 주

암이 커가야
가치가 있는 너
죽음에 이르러서야
드러나는 가치

진주

진주를 키워내는
너
진주조개를 두고
사람들은 성자라 한다.

살인 등록금

노력이면 충분하다는 당신의 말에
밤낮을 뒤척이며 드렸습니다.

이젠 돈이 필요하다고 하기에
부모의 땀 먹이며 기른 돼지의 배를
가르고 창자를 꺼내 드렸습니다.

아직도 모잘라
심장!
나의 생명도 달라고 하시네요
노력과 돈을 삼키고 더 달라하는
당신은 위선자!

당신의 욕망에 숨쉬기조차 힘들기에 그만 하렵니다
더 원하는 게 있으면 직접 가져가세요
주기만 하고 받은 것 하나 없는 제겐
심장만이 남았으니 가져가세요.

쓰레기

하수구에 박힌 채 썩어 악취 나는
쓰레기보다도
사회를 오염시키는 냄새의
쓰레기보다도
더한 쓰레기가 여기 있다.

누구나 가는 길을 등진 채
손을 벌려 도움 받기를 기다리기에
나는 쓰레기다!

넌 쓰레기야!
마음의 꾸지람에
오늘도 잠을 청하지 못한다.
핑계 되려면 노력을 보여야 함으로

운다1

태어날 때부터 울던 게
습관이 되어 아직도 운다

기뻐도 슬퍼도 아파도
눈물이 나오는
울보!

이유 없이 흘러서 눈앞을 막기에
쉬엄쉬엄
쉬어 가련다

왜 나와서 눈앞을 막냐는 물음에
흥! 네가 알아봐 하고는 숨어버린다
그러나 나는 본다
얼룩을,
내 슬픔의 얼룩을

한 여름의 난로(운다2)

운다!
난로 앞에 아무리 서 있어도
시린 가슴은 여전, 시리다
내게는 다른 난로가 필요하다는 걸
늦게 깨닫는다

운다!
내게는 따스한 칭찬
따스한 격려
따끈한 한 잔의
사랑의 샘물이 필요하다.

운다3

울고 싶기에 울려 한다
친구 때문에

인생을 등진 날
버리지 않고 챙겨주던
너

인생을 등진 채 살아가려는
널 원망하고자
운다!
가슴이 아파서

인생을 등진 나도
널 이해하지 못한다
왜?
실망했기 때문에

꿈을 포기한 널
친구가 아닌 원수라 부른다.

묵 념

그대들의 희생에 맘 편히 자는
난 고마움과 미안함에 고갤 떨군다

자기 배가 터질 것도 모른 채
천둥처럼 빨아 들이키는 그 욕망
모기

너희의 배는 욕망이 너무 커
끝내 배가 터질 것이다

너희를 위한 욕망에 희생된
형제들을 기억하며
원망과 증오를 펴주련다

지나친 욕망이 배보다 더 커
끝내 내 형제들의 배가
대신 터지지 않았는가

희생된 형제들 이름 앞에 고갤 떨구어라

그리고 네 차례를 기다려라
닮은 우리는 한 가지 할 일만 남았다
다 같이
묵념!

*해병대 총기난사 사건을 뉴스로 보고, 한민족을 자신의 욕망을 채우고자 갈라서게 만든 김일성 일가를 원망하며

꼬리를 잡혀서

꼬리를 잡힌 나
밥 먹을 때도
화장실 갈 때도
따돌리지 못한 채 잡혀 다닌다

내 꼬리를 잡아 휘두르는
너의 이름
대학!
쉴 틈도 안주는 잔인한 너

껌 딱지처럼 내게 딱 붙은 넌
내 귓구멍에 한시도 쉬지 않고
중얼대지

노력해 노력하라고
노력하면 된다구!

알았어 알았다구
올해 너와 접근할 기회를 만들고
내년엔 축하 파티를 열자
그때 난 너를 잡아
구워서 술안주를 할 거다.

제3장 어린아이 마음으로

볕을 향해

한동안 머문 이곳을 따나려 한다
마음조차 얼리는 추위
겨울!

내 마음이 더 얼기 전 떠나려 한다
포근한 볕이 내려 쪼이는 곳으로

어딘지 가까운지 먼 지도 모른 채
희미하게 보이는 저 불빛
그곳을 향해 달리련다

이미 동상에 걸린 두 발이 힘들다
저곳에 도착하면 낫는다기에
쉬지 않고 달리련다
그곳에 닿을 때까지

열 매

매서운 한파를 견디고 싹을 틔운
미동 없는 너

언제쯤 열매를 맺을까
고난을 견딘
너의 열매를 빨리 보고 싶구나

지금은 때가 아니니
낙엽 밟히는 소리가 날 때까지 기다리라 하기에

은행나무를 베어
베서 모든 이파리를 짓밟으면
혹 그러면 될까
그러면 열매를 맺을까

기다림에 지치니 어서 맺으렴
한파를 견딘 너의 열매를 박수로 맞이하고 싶으니
빨리 오라
내게!

삿대질

추워 해님을 가리키면
내 몸이 포근하고
더워 달님을 가리키면
내 몸이 시원하고
깜깜해 별님을 가리키면
내 주위가 환해진다

저 하늘에 숨어도
내 눈에 보이고
내 삿대질 한 번에 만나는데
안 된다 포기할까요?

안 된다 포기 말고
속는 셈 가리켜 봐요
틀림없이 만날 거예요.

자존심

콧등을 간지럽히는
향기
창문을 열라 하네

창문을 열자
닥쳐오는 향기에 맞아
몽롱한 실신
아련한데 잠은 안 오고

가까스로 넋을 가다듬고
책상 앞에 앉는다

벚꽃의 속삭임
“넌 내꽈야
쉽게 피었다
쉽게 져버리는.”

그 날 밤을
꼬박 새웠네
자존심 상해서

욕 망

의사도 절레절레
이유 모를 뜨거워진 가슴
너 때문에
추워 이불도 덮지 않고
너 때문에
허기에 라면도 먹지 않는다

부끄러워 말 못해 심술만
넌
내게 반했구나

욕망!
네 얼굴을 나는 모른다
어렴풋한 네 목소리만
귀로 읽는다

네가 모습을 보여야
너와 사귀든
싸우든
끝을 낼 것 아닌가

시

내 두통의 원인
머리털만 쥐어뜯는다
스무 살에 대머리 된
거울 속 내 모습!
널 원망한다

순간의 옹알이에
쓰여지는 시
하룻밤 자고나면
머리털과 같이
자라나겠지

기대하며 가발을 쓴다
살아 붙길 바라면서

(월간국보문학 시 부문 신인상 수상작)

어린아이 마음으로

아직은 어린 나
우연한 짧은 스침에
고급이든 저질이든
단지 충격을 주는
너에게 반해
너를 따른다

내 너를 따르다
어떻게 될지라도
철들기 싫어 어리광부려
따라서
나중에 막 열린 자궁 속
눈부신 대머리 어린이가
되리라

그 대머리 아이의 순진함을
잃지 않고
나는 그 아이의 마음으로

세상을 보리라
그 아이의 마음으로
글을 쓰고
그 아이의 마음으로
노래를 부르리라

시상을 기다리며

네가 올 때까지
기다리련다.
얼마나 더
기다려야 하나

지긋한 장맛비에
홀딱 젖어 안쓰런
내 모습을 봐야
오려나, 가련해서

장맛비 즐기는 얄궂은
당신
기다림에 지친 나는
장맛비 보다 더 초라하니
이제는 와줘라
가엽게 여겨서라도

동정雨

울지마라
날 동정하는 그대

꽉 찬 가슴 속 검은 잿빛
그걸 씻겨주고자 우는구나

나는 원치 않는다
나로 인해 울지 말고
나로 인해 젖게 하지 말라

날 동정하거든
날 어여삐 여기거든
단지 내 옆에 와서
내 벗이 되어 주라

안개바다

안개가 바다를 삼켰네요
바다향기 맡고 싶은데
바다를 사랑하나 봐요
심술궂게 안보여주네요
안개가 꼭꼭 숨긴
저 모습도
아름답기만 한걸요.

가위바위보

쑥스러 숨는
꽃게
살며시 손을 내밀어
'가위바위보.'

묵!
내가 이겼다
가위만 내는
넌
깡통바보

사람의 삶

깨우지 마세요
꿈꿀게 많이 있으니
좀 더 지켜보세요

봄이 와
맺거든
손 뻗어 따기
쉬우니

난 꿈을 먹고 살지요
내 살진 꿈은
당신을
행복으로 이끈답니다.

제4장
떠돌이 여행자

이름 낙서

대가리를 땅에 박은
까투리야
두려워 숨는 거면
내 어깨에 앉아
하늘로 같이 오르자
하늘에
너와 내 이름을
낙서해 줄테니

떠돌이 여행자

먼 길 여행 마치고
한국이 좋아
한국에 내려앉았네

만리장성을 거쳐 힘들게 와도
반겨주는 이 하나 없네
구박만 받을 뿐

애물단지 누우런 먼지
외로워만 보이네
나라도 벗이 돼 줄까나
누우런 사막의 떠돌이
안쓰러워지네

황사!

시 계

젊고 배부른 낮엔
삐죽 장비수염
늙고 허기진 밤엔
쳐진 관우수염

질리지도 않고
되풀이 되는
수염장난

넌 늙는 게 즐겁니
보기 괴롭단다
젊은 모습 그대로
멈춰
내게 기회를 주렴

대학입시

7일 동안
가기 싫어 4일째
서 있는 바퀴도
귀찮아지네

이제는 시동을 건다
빨리 빨리
쉬기 위해

방지 턱
하나 없는 나만의 길
미친 듯 달리면
금방 가겠지

선풍기

꼬리를 내게 잡혀
오르지 못하고
휘리릭~ 바람만

살인더위 속
허공의 날개 짓에
난 시원하다

이 꼬리를 놔주면
천사되어
하늘로 올라가기에
널 풀어주지 못한다

추운 겨울이 오면
풀어 주련다
올 여름엔
같이 고생하자

책을 보다가

코딱지를 파서

탁

내 앞에 앉은
도깨비
이마에 혹 났네

코딱지 사고

모 기

어디선가 내 눈치 살피다가
슬그머니 돌아온
모기

짝짝쿵 짝짝쿵
반가운 내 인사에
신나게 춤추는
너

힘들어 지친 듯
안녕이란 말 대신
살며시 다가와
뽀뽀하네.

알면서

알면서
다 알면서
곪아터져 흉한 내 가슴
다 알면서
속만 썩이네

하루 빨리 새살 돋아
꽉 찬 내 가슴에
널 푹 안기를 바라며
빠알간 약을 붓는다.
상처 난 가슴에

그날이 오면 춤출 생각에
오늘도 눈 뜬 밤을 지새운다.

가 뭄

바깥은 매일 비가 오지만
끝없는 갈증에 딱딱히 굳은
내 가슴의 가뭄
세찬 장맛비에도
딱딱하다 못해 갈라지네

스쳐 지나간 메아리가 아쉽다
원인을 알아도 비는 내리지 못해
후우! 한숨만

미친 척 장맛비에 내 몸 던져도
내 마음은 아직도 가뭄
지독한 감기까지 얻는다

비는 내리지 않으니 주전자로 뿌릴련다
누가 아랴
내 마음 속 가뭄에
꽃 한 송이 피어날지

*메아리는 2011년 7월 한국을 스쳐간 태풍을 일컫는다.

은혜

날 낳아 생명을 주면
부모라 부르며

밤길에 날 인도해주면
스승이라 부르고

인생의 방지 턱에 날 업고가면
은인이라 부른다

당신은 누구십니까?

작은 별 하나 없기에
방지 턱 하나 못 넘는 날
밝은 불빛 뿜으며 업어주는 당신
스승이십니까 은인이십니까?

그늘 아래서

찾아본다
더위를 막아 시원한 낮잠에 빠질
그늘을 찾아본다

태어나 부모의 그늘 아래 자랐기에
이젠 인생을 꿈꿀 시원한
그늘을 찾아 나선다

내 인생은 꿈을 먹고 자라기에

오늘도 더위를 막아 줄 시원한 그늘을
그늘을 찾아본다
아직 다 자라지 않은 내 인생
자라게 할 꿈을 꾸어야 함으로

내 인생은 꿈을 먹고 자라기에

제5장
악연을 끊고자

그리운 봄날

봄은 철없는 소년기
지금은 한여름의 청년기
그때의 봄,
봄이 그립다

왜 그리도 졸린 지
나의 봄은 졸다가 보냈다
그러다 문득
지금의 여름

뜨거워 너무 뜨거운 가슴과
뜨거운 생각들로
잠 못 이루는 이 밤

봄이 좋았다
졸음의 봄
봄이 언제 다시 오려나

형과 나

피를 나눈 우리는 사촌 간
서로의 핏줄에
서로의 피가 흐른다

피가 통하기에 비슷한 꿈을 향해 달린다
마음을 말로 노래하는 형은 가수
마음을 글로 노래하는 나는 작가
창법은 다르지만 마음을 나타내는 노력은 같다

꿈의 종착역에 도착하는 날
축하의 술잔을 나누자
형과 나
둘만의 축배를 들자.

삶은 마라톤

응애
출발신호
그때부터 각자는 마라톤 코스로 달린다

헐떡헐떡 대학입시
힘이 빠져 중도포기 탈락자가 나온다
저기도 탈락자 옆에도 탈락자

가까스로 전환점을 돌면
꿀꺽꿀꺽
대학입시 통과주로 갈증을 푼다
마라톤이 끝난 것처럼

그러나 다시 코스가 나타나고
마라톤은 계속된다
헐떡헐떡
결혼의 전환점을 돌고
자식의 출발 신호로
자식은 대학입시 코스로

난 결승점으로 달린다

자식의 마라톤을 흐뭇하게 지켜보다
어느덧 결승점을 통과한다

헥헥 꼴가닥

지친 나는 탈진해 쓰러지고
비로소 마라톤은 끝난다.

우리는 장애인

우리는 모두 장애인

시를 쓸 줄 아는 내게
시를 싫어하는 녀석들은
모두 장애인
달음질이 빠른 친구는
달음질이 느린 내가 장애인이겠지

장님 귀먹어리 어벙이에
쉬쉬 피하는 몇 녀석이
자신의 장애와 쓰레기임을 증명하려 한다
다 같은 장애인인 것을 알고 나서는
다 같이 바보임을 깨닫는다

우리는 모두 장애인
장애인끼리 더불어 살고
장애인끼리 칭찬하며 살고
장애인끼리 감사하며 살자.

배 추

주인이 버려 어린나이에 곰팡내 내며
시들시들
안쓰러워 사촌 형이 품에 안은
배추

싱싱하게 살아나도 때 늦음에
겉절이도 안 되는 작은 말티즈
배추

시들함에 버무린 빨간 약에
매워 화풀이 하는 건지 짖어 된다

김치가 되지 못한 배추의
멍 멍 멍
시끄런 한풀이

노숙자

안쓰런 운명의 삶에
길가를 떠돌며 박스에 웅크려 자는
노씨 성에
이름은 숙자

늙어선지 고생 탓인지
얼굴 주름이 수염을 비집고
밖으로 나와 있다

고향도 나이도 이름도 모른 채
내 사촌형이 데려온 너
안쓰런 방황의 삶에 지어진
네 이름은
노가에
숙자

만난 적 없어도
노숙자
네 이름이
머릿속에 오늘도 빙글빙글 맴돈다.

여 유

밤낮 가리지 않았기에
후유!
정신에 틈이 생겼다

이제는 안다
즐거운 유혹은 득이 없고
밤새 피곤한 노력은
한숨 쉴 여유를 준다는 걸

좀 더 노력하고
두 다리 쭉 뻗고
낮잠 잘 수 있기에
하룻밤 더 눈뜨고 있을련다.

궁 합

팥빙수는 여름, 붕어빵은 겨울
비 오면
빈대떡에 막걸리
삼겹살에는 소주

공부는 10대, 취업엔 20대
거짓 궁합에
젊음을 바친다 여유도 없이

백발 꼬부랑 노인 춤 못 춘다
무릎 관절 땡겨서
젊을 때 춤춰야 늙어서 추억한다

내 젊음
궁합에 맞춰
오늘도 8시간 자고
마구마구 돌아다녀야지
지칠 때까지 돌아다녀야지.

악연을 끊고자

내 인생의 반을 증오 했습니다
내 나이 곱 이상을 산
삼촌

순간의 실수를 한 당신에게
건방진 충고를 던진 나
우리는 철없이 10년을 보냈네요

당신이 부모에게 욕하던 일
당신이 내 부모에게 욕하던 일
그로써 다투던 우리

당신과 내게 채워진 악연의 쇠사슬
이만 끊고자 합니다
발자국 하나 내민 내게
넓고 깊은 맘으로 다가오세요

우린 핏줄이니까요.

폭 탄

먼저 터뜨린 당신들이 밉습니다
태어날 때부터 쥐어 온 폭탄
난 아직 손에 있는데

이제 막 심지에 불붙인 내 폭탄
행여 장맛비에 꺼질까 두려워
가슴에 숨겨 놉니다

누구나 폭탄은 하나랍니다
먼저 터진 당신들이 부럽지만
당신들은 이제 가고 없네요

막 불 붙은 내 폭탄
꼭 숨겨놔 기다릴 겁니다
당신들의 손가락질 받던
내 폭탄이 터져 당신들을 삼킬
그 날 만을 기다리면서

마음을 갈고자

많이 쓴 칼은 이빨이 빠지고
적게 쓴 칼은 녹이 슨다

많든 적든 관리가 중요한 칼
사람의 마음처럼

강한 마음은 욕심이 되고
빈약한 마음은 게으름이 되기에
적절히 갈고 닦아야 하지

녹슨 칼처럼 빈약한 내 마음
명검이 되려고
오늘도 간다
쓰윽쓱

갈고 또 간다
쓰윽 쓱

땀과 하품

농부의 땀은
거름이 되어 열매가 되고
내 하품은
환상으로 글이 된다.

농부가 수확한 열매
감사히 맛있게 냠냠하듯이
내가 쓴 글에
엉엉,
감동의 비 쏟으려나.

허얼허얼
하품을 한다.
잘 자란 글이
다른 이를 감동시킬 날만 기다리면서

제6장
빨간 동그라미

꼭꼭 씹어라

1등급 한우도 급하면 체해
꼭꼭 씹어야 제대로 맛보고
쑥
소화가 된다.

의욕이 앞서 무작정 달리는 자
배짱 아닌 무식
금방 눕는다, 지쳐 쉬려고

말없이 천천히 걷는 자
현명함으로
조용히 뒤따르자 배울 게 많으니
뒤돌아 나를 쳐다볼 때까지
슬금슬금 뒤를 밟자.

회초리

학교의 회초리
멍든 엉덩이에 기분 나빠
잘못을 되풀이한다.
반항심 때문에

선생님 회초리
새까만 가슴을 울게 한다.
잘못을 뉘우치기에

기린 목보다 길고
코끼리 다리보다 굵은
선생님 회초리

제자를 인도하기에
무거워 어깨가 결리시겠지.
파스 한 장 붙여드리며
제자는 조른다
더 때려달라고
그럴까요?

매 미

어두운 땅 속 저 굼뱅이
짧은 행복을 위해 몇 년을 기다린다
매미 되는 날
기뻐 노래 부르다
부르다
어느 날 툭
땅으로 돌아간다

짧지만 행복한 날 기다리며
흙에서 자고 먹는 인내!
넌 감동이야
널 주워온다
술을 대접하려고

취해 잠든 널 보며 배우련다
행복한 날이 오려면
긴 기다림에 인내가 필요하니까.

삼계탕

털을 깍이고 수술대에 눕는 너
배도 갈라져
대추, 쌀, 산삼 채워지는
너

행여 도로 살아날까봐
꿰매지도 않고 끓는 물에 눕혀진다
뽀글뽀글 지글지글

갈라진 배를 드러내고
접시에 엎드려 외친다
머리 없는 목을 빼고

지옥에 가서
나처럼 돼라

수 염

3일마다 민다
밀어도 밀어도 귀찮게
두더지 게임처럼 튀어 나오는
수염

본드로 막으면 안 나올까
멍청한 생각을 해본다
수염이 미워서
귀찮아서

남자의 자존심을 세워주려고
여자에게는 안 나는
수염
마침내 그 뜻을 깨닫는다

그래도 어쩔 수 없어
화낼까봐 자존심 상할까봐
노래까지 불러주며
사각사각 박자 맞춰
오늘 아침도 밀어 줬다
수염을

복 날

초복이 중복이 말복이
복날이 오면 너희도 무섭지
다이어트 좀 하지
주는 것도 모자라
쓰레기통 뒤지는 식탐

네 주인은
너를 두고 복날을 기다렸고
시원한 그늘 밑에 누워 잠들면
널부러진 네 뱃살
살찐 너는 살려두고
남의 개는 쩝쩝 잘도 먹지
너의 뚱보 주인은

삼식이는 복날에도 침대에 누워 잔다
자기는 안 먹히는 것을 아는지,
군기 좀 잡아 볼까

안타깝게, 복날에 죽어간 개들을 추모한다.

수다

점심시간
음식점 안은 엄마들로 꽉 찬다
대한민국의 기둥
엄마들!
쉬지 않고 움직이는 입

재재재재
잘잘잘잘
어쩌고 저쩌고

학원은 어디가 좋고 나쁘고
A랑은 놀지 못하게
B랑은 친해지게

그러다가 까르르
호호호
깔깔깔

엄마들의 수다!
엄마는 수다로 젖을 만들고
우리는 수다로 길러진다
대한민국의 신버전 육아법

낚 시

축축해진 땅 위로 기어 나온
지렁이
널 미끼로 쓰련다

바늘에 푹,
비명 없이 춤추네

너도 물고기 낚는 게 기쁜가보구나
널 닮아 꿈틀거리는 장어
몸보신 장어를 낚아보련다

네가 장어에게 먹히면
장어는 내가 쩝쩝 삼켜 복수할게
장어를 먹으면
장어 뱃속의 너도 먹는 거니
두 번 소화되는 네가 안쓰럽구나

빨간 동그라미

가슴에만 새기면 잊을까봐
빨간 펜을 손에 쥐고
쓱쓱쓱
싹싹싹
동그라미를 그린다 달력에

나름 가졌던 여유에 속아
코앞에 다가온
대학수시
이제야 알게 된다

기대와 여유 반 불안과 초조 반
누구도 모를 불확실한 결과에
스트레스만 얻는다

파릇하다던 20대에
때 아닌 흰 눈이 쌓여

백발이 되어 가는 느낌
스트레스!

실패해도 내년에 또 할테니
빨리 와라
달력에 표시된 그날아

‖축 사‖

내 아들 재호, 파이팅!

재호는 4살 때에 에니메이션 50권을 여러 번 나누어 엄마 앞에 갖다 놓으며 읽어 달라고 했었지. 그 중에서 '미운 오리새끼' 책을 읽어 주면 미운 오리새끼가 불쌍하다고 눈물을 뚝뚝 흘리며 서럽게 울어서 엄마가 그 책을 감출 정도로 인정 많고 감성이 풍부했었지!

그리고 초등학교 4학년 때에는 '교내 백일장' 에서 장원을 했고, 중학교 1학년 때는 '전국 청소년 통일 환경 백일장' 에서 우수상을 받아 엄마를 감동 시켰었지.

고등학교 때에는 야간 자율학습 관계로 매일 늦게 집에 들어오는 바람에 재호가 좋아하는 글쓰기에 전념 할 수 없어 아쉬움이 많았는데, 이번에 시집을 내게 되어 매우 기쁘단다.

자기가 하고 싶은 일에 열중할 때 가장 생산적이고 행복하지.

요즘 시대는 컴퓨터와 핸드폰 등 문명의 이기들이 편리하고 풍요로운 생활을 하게 해줘서 고맙지만, 도리어 마음의 여유를 갖고 깊이 생각하며 글을 쓰는 일은 쉽게 할 수 있는 일이 아니지. 그만큼 글을 쓴다는 일에 쉽게 다가갈 수 없는 마음이 가난한 시대이기 때문에 사람들이 단순해지기 쉬워서 그런 것으로 봐.

그러나 내 아들 재호는 마음에서 느끼는 감동과 영혼의 소리를 글로 표현하여 묶은 시집을 만들게 되어 엄마는 매우 기쁘단다.

앞으로 많은 사람들의 마음에 삶의 여유, 감동, 순수함, 질책, 유머, 교훈 등의 느낌이 꿈틀거리는 시를 쓰기 바라며 축하한다.

엄마가

대견스러운 손자야

대견스러운 내 손자야, 아직도 너는 귀저기 차고 아장아장 걸을 때 모습 그대로 귀엽고 예쁘단다. 어렸을 때 너무 잘 생겨서 네 돌 사진을 사진관에서 크게 확대하여 윈도우에 걸어 놓았던 일도 있었지. 세상에서 그처럼 잘생긴 내 손자였어. 그런데 어느 새 커서 공부 하느라 힘들지! 인간이란 자랄 때 고민하기 시작하는 거란다.

넌 글짓기를 너무 잘해서 몇 번 상을 탄 적이 있었지. 그 중 하나, 친할아버지는 한국군, 외할아버지는 인민군이라고 쓴 詩 그것 말이야. 나는 그 詩를 보고 너무 감격 했었지.

사랑스러운 내 손자 재호야, 시집을 내는 이번을 계기로 부디 훌륭한 사람이 되기를 이 할미가 아침저녁으로 기도할게. 응, 재호야

외할머니가

‖축 사‖

동생아,

어릴 때부터 형만 따라다니고, 그저 귀엽기만 하던 재호가 이렇게 다 커서 시에 관심을 갖고, 재능까지 발휘하고 있으니 너무 대견스럽고 신기하다.

재호가 옛날부터 상상력이 좋긴 했어.

시집을 내게 되어서 많이많이 축하해. 앞으로 더 열심히 해서 세계 사람들의 마음을 움직일 수 있는 시인이 되었으면 좋겠다.

다시 한 번 축하해!

사촌형 임대현이

시 쓰는 즐거움으로 당당하게 선 대한민국의 20세 청년

박성배
(아동문학가 · 한국문협 부이사장)

소설가이며 동화작가인 김용원 작가에게서 전화가 왔다. 초등학교 시절에 김용원 작가에게 찾아와 논술을 공부했던 학생이 20세 청년이 되어 시집을 내려고 하는데 한번 봐달라는 내용이었다.

평소에 생각이 깊은 김용원 작가가 어떤 뜻이 있겠거니 하면서도 평론가나 시인에게 부탁해 보는 것이 어떻겠냐고 슬쩍 뜻을 비쳤다. 김용원 작가는 이미 진행되고 있는 프로그램을 알려주듯이 시를 보낼 테니 읽고 느낌을 써달라고 했다.

김용원 작가의 말이라면 쉽게 뿌리치지 못하는 터라, 일단 시를 읽어보겠다고 했다.

메일로 받은 약 60여 편의 시를 읽은 후, 잠시 침묵에 잠겼다. 문득 번데기가 생각났다. 날개를 펴고 날기 위해 자기 몸을 찢는 아픔을 겪어야 하는 나방이의 몸짓이 바로 60여 편의 시였다.

교직생활 40여 년을 학생들의 시 짓기 지도에 전념해온 터라 이 나방이의 몸짓을 외면할 수가 없었다. 약속을 하고 이재호를 만나 대화하는 중에 시 짓기가 즐겁다고 했다. 얼마나 다행스런 일인가. 반항하고 방황하던 혼돈의 터널을 지나 이제 대학에 재도전 하려는 믿음직한 젊은이로 서게 되기까지 바로 이 '즐거운 시 짓기' 가 버팀목이었다는 사실을 금방 느낄 수 있었다.

이재호는 시를 통해 자신의 존재가치를 확인하고 있다. 시라는 매체를 통하여 자신을 인정해 주고 격려하는 행복을 스스로 얻고 있는 것이다.

누가 따라온다
강도일까, 경찰일까?
돈도 없고 잘못도 없는데

후유

돌아섰더니
그제야 사라졌네

가로등 불빛에 이르러
문득
녀석이 나타났네

안녕
난 네 행동을 다 봤어
그러고는 한마디

쓸만해

-「그림자」전문

이재호는 가로등도 없는 어두운 골목길을 쫓기듯 지나오면서 엉뚱한 오해도 받았을 것이다. 그 어둔 골목길에서 무슨 나쁜 짓을 했을지도 모른다는 기분 나쁜 감시의 눈길도 의식했을 것이다. 이재호는 그들의 눈을 대신하여 말한다. '난 네 행동을 다 봤어.'. 그리고 이어 대답한다. '쓸만해' 라고. 누가 날 인정해 주지 않고, 세상이 '나' 라는 존재감을 무시하는 것 같아도 좌절하거나 포기하지 않고 나름대로의 푸름을 긍정적인 향기로 내뱉는 들꽃과 같은 당당한 삶이 바로 시가 있기에 가능한 일이었음을 읽을 수 있다. 결국 이재호에게 시는 자기최면의 한 방법이다. 즉 극한의 경쟁사회로 내밀려 홍역을 치루 듯 고민과 번민의 시기를 지낸 대한민국의 젊은이가 시를 통하여 자기 스스로를 인정하고 강화하면서 희열을 느끼고 있다.

그러나 이렇게 되기까지 숱한 자기 연민과 갈등을 겪었음을 고백한다.

하수구에 박힌 채 썩어 악취 나는
쓰레기보다도
사회를 오염시키는 냄새의
쓰레기보다도
더한 쓰레기가 여기 있다.

누구나 가는 길을 등진 채
손을 벌려 도움 받기를 기다리기에
나는 쓰레기다!

넌 쓰레기야!
마음의 꾸지람에
오늘도 잠을 청하지 못한다.
핑계 되려면 노력을 보여야 함으로

– 「쓰레기」전문

자신을 쓰레기라고 규정짓는 단계는 번데기가 나뭇가지에 붙어 꼼짝 않고 있는 순간이기도 하다. 번데기가 그대로 맘춰 있으면 말라붙어 죽고 말 것이다. 그러나 나를 찢는 아픔을 감수하면서 자신의 껍질을 찢어낼 때 미처 내가 보지 못했던 새로운 나, 쓰레기가 아닌 나를 발견하게 되는 것이다. 「운다1」에서는 '태어날 때부터 울던 게/습관이 되어 아직도 운다' 라고 하여 울기만 하는 바보인 나를 드러내놓는다. 「떠돌이 여행자」에서는 '애물단지 누우런 먼지/외로워만 보이네' 라고 하여 자신을 아무도 반겨주지 않는 황사에 비유하기도 한다. 「꼬리를 잡혀서」에서는 '꼬리는 잡힌 나/밥 먹을 때도/화장실에 갈 때도/따돌리지 못한 채 잡혀다닌다' 라고 하여 사람으로 태어났으면 대학을 가야하는 사회에서 겪는 갈등을 고백하고 있다.

이재호는 이런 현실이 싫어 도피해 보고자 했다. 그러나 그의 자존심이 오기를 불러일으킨다.

벚꽃의 속삭임
“넌 내꽈야
쉽게 피었다
쉽게 져버리는.”

그 날 밤을
꼬박 새웠네
자존심 상해서

–「 자존심」 일부

이재호는 현실의 움직임이 자신의 맘에 썩 들지는 않지만 자신에 대한 연민의 들판과 갈등의 숲을 지나 화해하기로 결심한다. 그렇게 하기로 한 배경에는 부모님께 효도하고자 하는 마음도 있었을 것이다. 사회를 떠나서 혼자서만 살 수는 없다는 20살 청년의 깨달음도 있었을 것이다. 그는 자신의 방황의 끝을 이렇게 노래한다.

숨을 참고 달렸지만
끝내 놓쳐 버렸네요
'조금 빨리!'
후회와 함께
뒤돌아섰더니
막차가 오네요

꼭 늦은 건 아닌가 봐요

차도 탔으니
기다리면 되겠네요.

삶이란 다
그렇다는 거
스무 살 지금
깨달았어요.

– 「막차」 전문

스무 살의 지금, 막차를 탄 기분으로 새로운 출발선에 선 이재호의 당당한 모습을 보며 안도의 숨을 쉬게 된다. 시 짓기가 즐거운 청년이 아니었다면 막차를 놓치고 먼먼 훗날 돌이킬 수 없는 후회를 하는 지경까지 갔을지도 모르는 일이 아닌가. 이재호에게 시작(詩作) 활동은 결국 자기 구원의 작업인 셈이다.

이재호는 자기 구원의 한 방법으로 인간관계를 생각한다. 이제까지는 나 혼자 살 수 있다는 아집으로 살았다면 화해를 손길을 내미는 첫 단계로 내가 아닌 다른 사람이 필요하다는 것을 깨닫는다.

나는 빛이 필요하다
누군가가
희미한 빛이나마
갈 길을 비춰준다면
나는 그의
종이 되리라

종이 되어
그를 위해 노래를 하리라
종이 되어

그를 위해 술을 대접하리라
내 은인이므로

–「밤길」 일부

그런가하면 내리비치는 땡볕에서 그늘을 찾는 몸부림도 읽을 수 있다.

오늘도 더위를 막아 줄 시원한 그늘을
그늘을 찾아본다
아직 다 자라지 않은 내 인생
자라게 할 꿈을 꾸어야 함으로

내 인생은 꿈을 먹고 자라기에

–「그늘 아래서」 일부

그런데 이재호는 갈 길을 비춰 줄 빛이나 꿈을 꿀 수 있는 그늘을 마냥 기다리지만은 않는다. 스스로가 빛을 찾고 꿈을 꾸기 위하여 그 동안 외부와 차단막이 되었던 머리카락을 자른다. 머리카락을 자르는 일은 단순히 단정한 몸가짐을 갖는 의미를 넘어서 이제까지의 마음에 들지 않은 삶과의 고별을 의미한다. 이재호는 그의 삶을 180도 돌려놓는 이 의식에서「머리를 자르며」라는 시를 통해 '잘려 떨어지는 머리카락과 함께/내 마음의 암 덩어리도 잘라 버리련다' 하고 다짐한다. 그런가하면 「알면서」에서는 '빠알간 약을 붓는다/ 상처 난 가슴에' 하고 곪아터져 흉한 자신의 가슴을 치유하고자하는 간절함을 노래한다. 이재호가 시 짓는 즐거움을 터득했다는 것은 이러한 다짐이나 치유하고자 하는 간절함이 시를 짓는 과정에서 이미 그 효과를 보고 있다는 것으로 증명이 된다.

이재호의 인간관계는 은인이나 그늘을 찾는 일, 즉 도움을 바라는 인간관계에서 동행하는 여유로움으로 발전한다.

날 동정하거든
날 어여삐 여기거든
단지 내 옆에 와서
내 벗이 되어 주라

– 「동정雨」일부

이렇게 어떤 요구나 무리한 부탁이 아니라 단지 벗이 되어주기를 바란다. 「지는 꽃」에서도 '허락도 말도 필요 없거늘/같이 노래 부르며 살자구나' 하고 함께 사는 관계를 원한다. 다음 시에서는 같은 부류끼리 찾아서 함께 살자는 것이 아니라 결국은 모두가 한 부류이니 함께 잘 지내자고 노래한다.

우리는 모두 장애인
장애인끼리 더불어 살고
장애인끼리 칭찬하며 살고
장애인끼리 감사하며 살자

－「우리는 모두 장애인」일부

이재호는 자신을 비롯한 모든 사람들이 잘 하는 부분이 있는가 하면 못하는 부분도 있기 때문에 그런 의미에서 모두가 장애인이라고 규정한다. 아무도 나는 특별하게 잘나고 똑똑하여 장애인이 아니라는 생각에서 벗어나야 한다고 강변한다. 장애인끼리 더불어 살면서 칭찬하며 감사하고 살자고 동행을 요구한다.

그러면서 아직도 자기를 힘들게 하는 현실을 비판하는 시각도 견지한다.

‖ 작 품 해 설 ‖

거울의 음흉스러움을 모른 채
오늘도 치장한 모습으로 거울 앞에 선다
그 모습이 재밌는 거울은
치장한 껍데기를 보여준다
이쁘게만 보여준다

다시 오게 하려고
그래야 존재하니까

— 「거울」 일부

거울은 사람의 진실한 내면세계가 아니라 치장한 껍데기만를 보여주어야 자신이 존재할 수 있다. 이것이 현실이다. 이재호는 이런 거울에게 다시는 현혹되지 않아야 한다고 다짐한다. 그러면서 자신을 힘들게 하고 방황하게 만들었던 원인 중에 하나였던 비밀을 하나 털어놓는다. 시가 아니면 용기를 낼 수 없는 화해의 손길이기도 하다.

내 인생의 반을 증오 했습니다
내 나이 곱 이상을 산

삼촌

순간의 실수를 한 당신에게
건방진 충고를 던진 나
우리는 철없이 10년을 보냈네요

당신이 부모에게 욕하던 일
당신이 내 부모에게 욕하던 일
그로써 다투던 우리

당신과 내게 채워진 악연의 쇠사슬
이만 끊고자 합니다
발자국 하나 내민 내게
넓고 깊은 맘으로 다가오세요

우린 핏줄이니까요

—「악연을 끊고자」전문

‖ 작 품 해 설 ‖

이재호는 머리카락을 자르고 새로 출발하기에 앞서 묵은 악연까지도 말끔히 씻고 싶은 것이다. 이런 화해의 손길을 누군들 피해갈 수 있겠는가. 20세 성인의 의젓한 화해로 마음에 맺힌 모든 것을 비우고 있다. 감정의 세계가 지나쳐서 밝고 긍정적인 감정보다는 어둡고 부정적인 감정에 빠지는 것을 센티멘탈리즘(sentimentalism)이라 한다.

시인이 이 함정에 빠지면 숲 속에 갇혀서 숲을 보지 못하는 경우와 같이 되어 버린다. 이재호는 증오의 감정에 더 이상 빠져있기를 원하지 않는다. 엘리옷은 시란 감정과 지성의 등가물(等價物)이라 했다. 즉 시는 감정만의 것이 아니라 적절히 지성으로 통제된 예술이라는 것이다. 이재호의 시는 자칫 빠지기 쉬운 센티멘탈리즘(sentimentalism)의 함정을 잘 피해가면서 감정과 지성의 등가물 관계를 유지하고 있다.

그래서일까, 마치 한 사람의 전기문 같은 시들의 모습에서 벗어나 맑은 동심으로 노래한 동시를 만날 수 있는 것은.

쑥스러 숨는
꽃게
살며시 손을 내밀어
'가위바위보.'

묵!
내가 이겼다
가위만 내는
넌
깡통바보

– 「가위바위보」전문

코딱지를 파서

탁

내 앞에 앉은
도깨비
이마에 혹 났네

코딱지 사고

– 「책을 보다가」전문

이런 동시까지 쓸 수 있게 된 것은 이제 마음의 여유를 다 찾았다는 증거다. 이재호의 시는 이제부터 출발이라고 본다.

그의 시심이 넘쳐서 출렁거리고 있기 때문이다. 시 쓰는 즐거움으로 20세를 맞은 이재호가 이제 시 쓰는 즐거움으로 어디까지 발전할지는 두고 볼 일이다.

내 두통의 원인
머리털만 쥐어뜯는다
스무 살에 대머리 된
거울 속 내 모습!
널 원망한다

순간의 옹알이에
쓰여지는 시
하룻밤 자고나면
머리털과 같이
자라나겠지

기대하며 가발을 쓴다
살아 붙길 바라면서

– 「시」 전문

이재호는 시를 쓰느라 뜯긴 머리카락이 시를 통해 살아나기를 기다린다. 「시상을 기다리며」에서는 '네가 올 때까지/ 기다리련다./ 얼마나 더 / 기다려야 하나' 하고 시상(詩想)을 찾아 순례하는 자신을 그리고 있다.

한 무더기의 시 속에는 그 시를 쓴 사람의 경험, 사상, 마음씨, 성격, 소망 등 모든 것이 들어있게 된다. 이재호의 시들을 읽으면서 한 편의 드라마를 읽는 기분이었다. 기승정결을 갖춘 인간 승리의 이야기가 들어있다. 그 모든 시들을 꿰고 있는 중심 주제는 '시 쓰는 즐거움으로 당당하게 선 대한민국의 20세 청년' 이다. 이제 더 진지하고 깊은 시의 세계로 행진하려는 이재호의 출발에 아낌없는 박수를 보낸다.

거울